DAVID HAMILTON'S PRIVATE COLLECTION

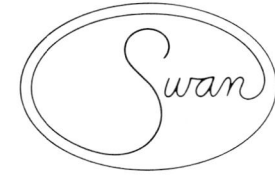

SWAN VERLAG · KEHL AM RHEIN

Nur einem Freund vertraut man intime Erinnerungen an. Hier zeigt David Hamilton seinen Freunden Aufnahmen, die er bisher vorenthielt, weil sie zu seinem eigenen Vergnügen bestimmt waren. Sie spiegeln kostbare Augenblicke, in denen die jungen Modelle Hamiltons sich ganz seiner bewundernden Betrachtung ihrer erblühenden Schönheit hingaben. Diese „Private Collection" gibt Augenblicke wieder, da Erotik und Reinheit eins werden. Seite für Seite gleicht sie einem köstlichen Herbarium, das für immer die Schönen David Hamiltons in ihrer frühlingshaften Blüte bewahrt.

DAVID HAMILTON'S PRIVATE COLLECTION

Die Fotos der „Private Collection" ähneln der Geste des Rosenfreunds, der die Blüte entblättert, um ihr Inneres besser sehen und ihr Geheimnis besser erhaschen zu können.

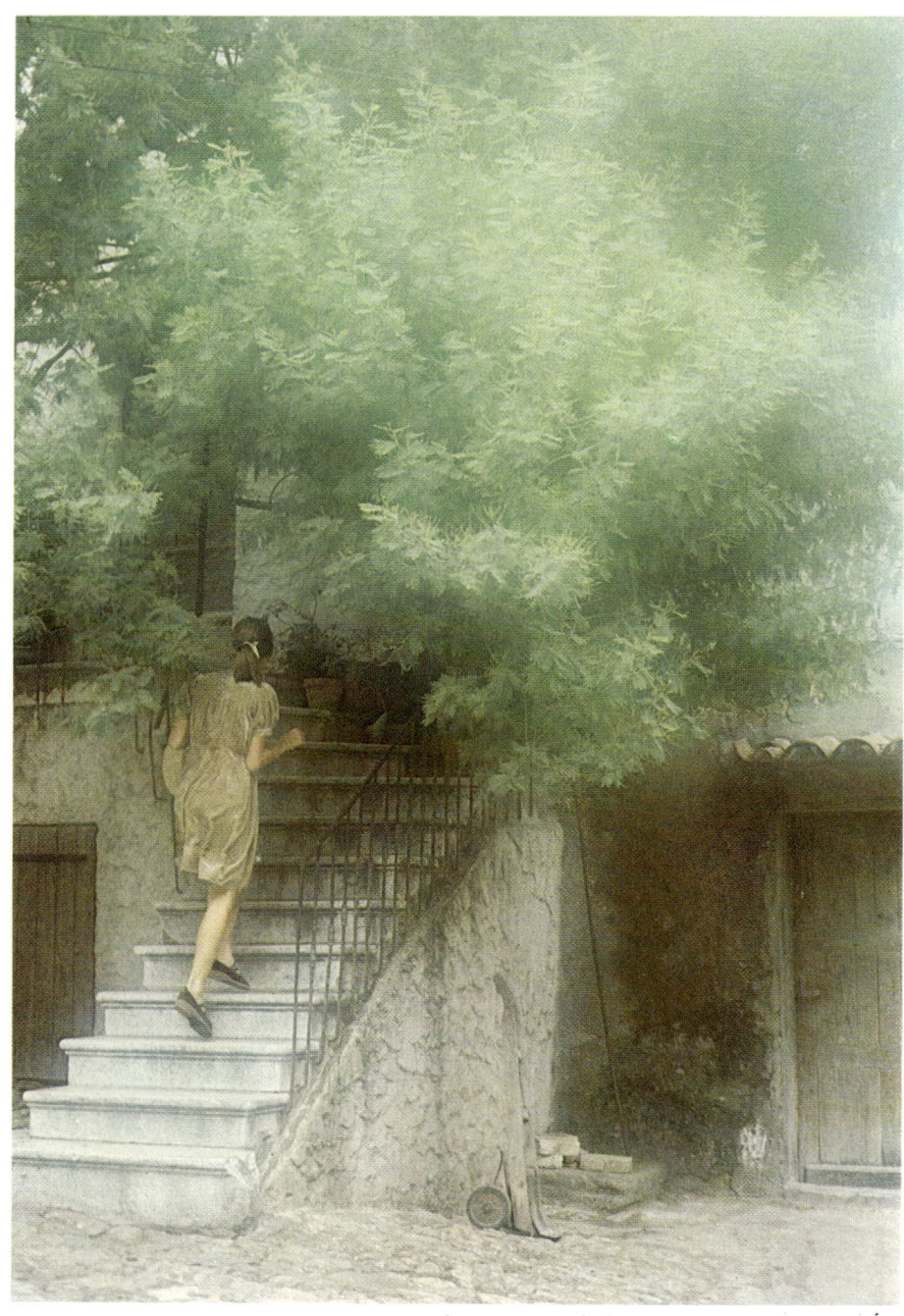

Um der Tageshitze zu entfliehen, huscht sie in das kühle Haus. Eintretend in den stillen Schatten der Mimosen, denkt sie schon an das Spiel, dem sie sich ganz allein hingeben wird.

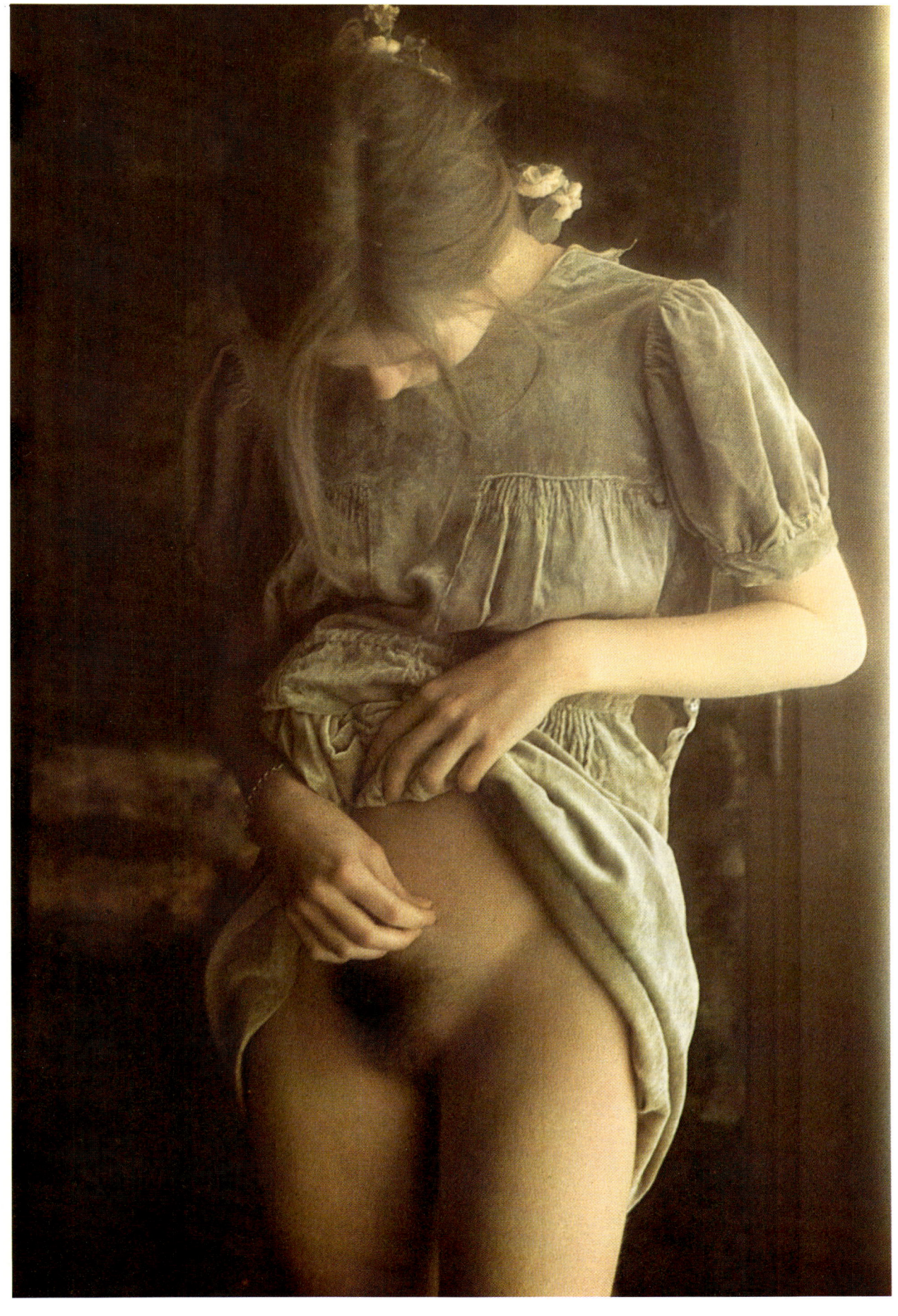

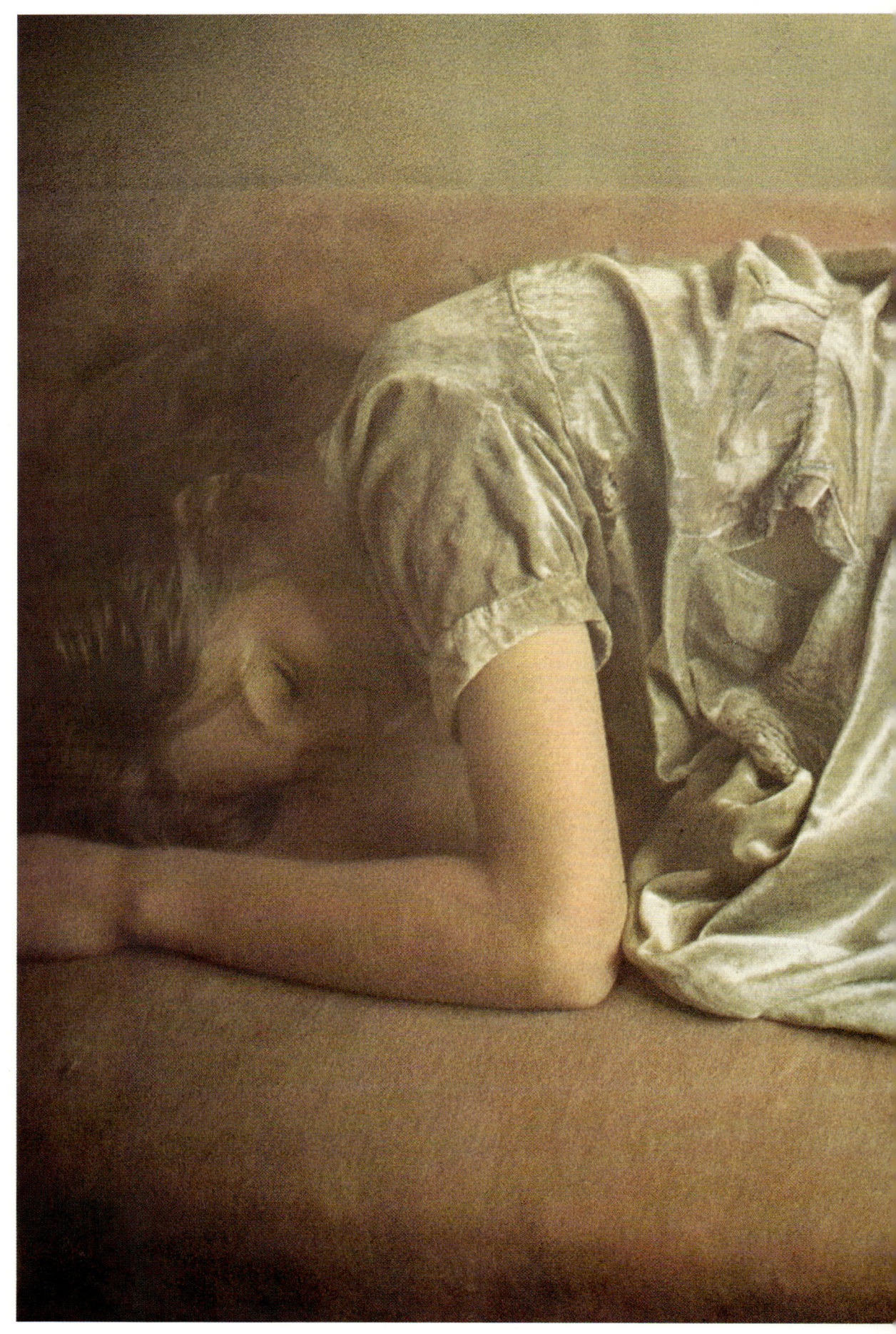

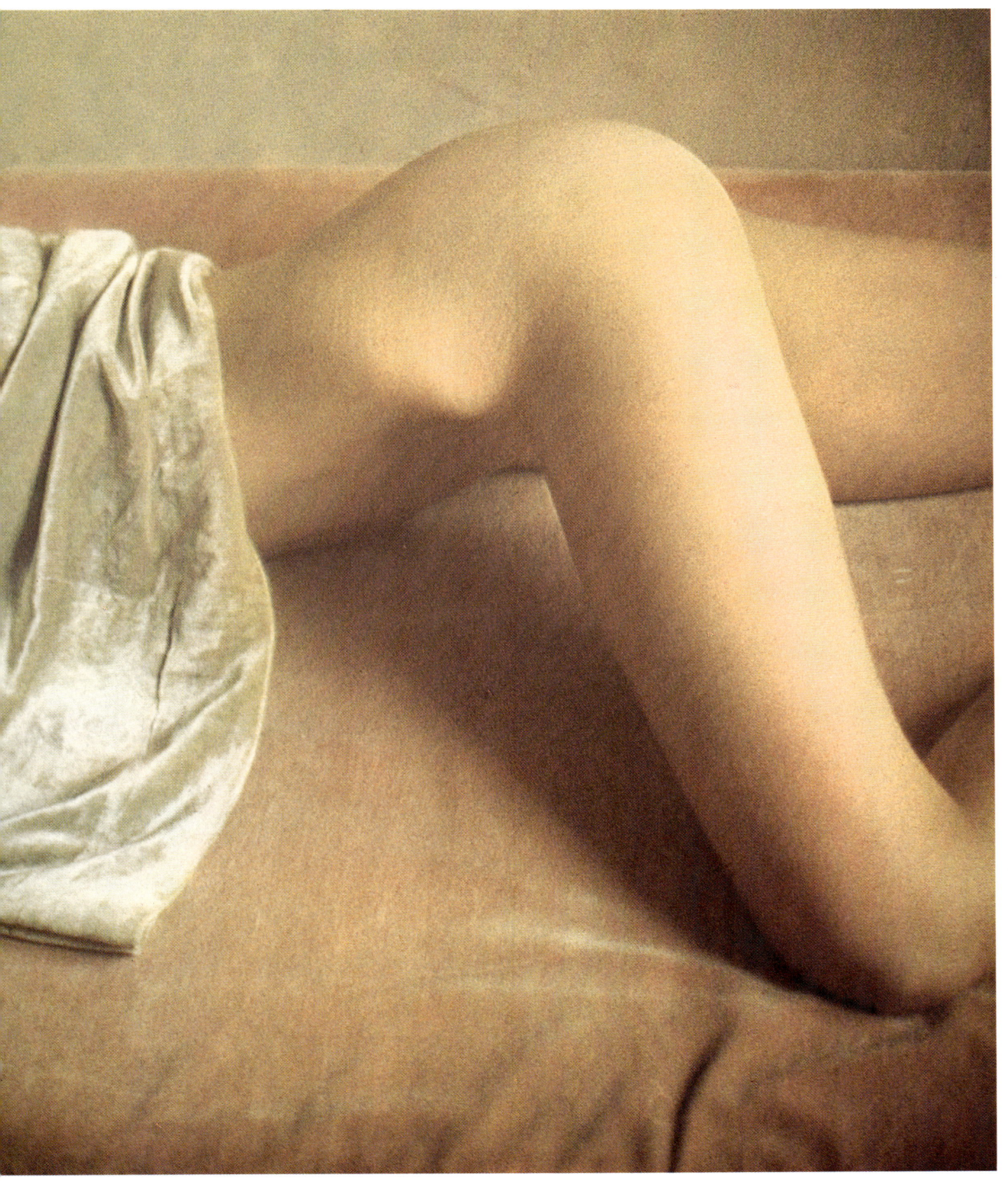

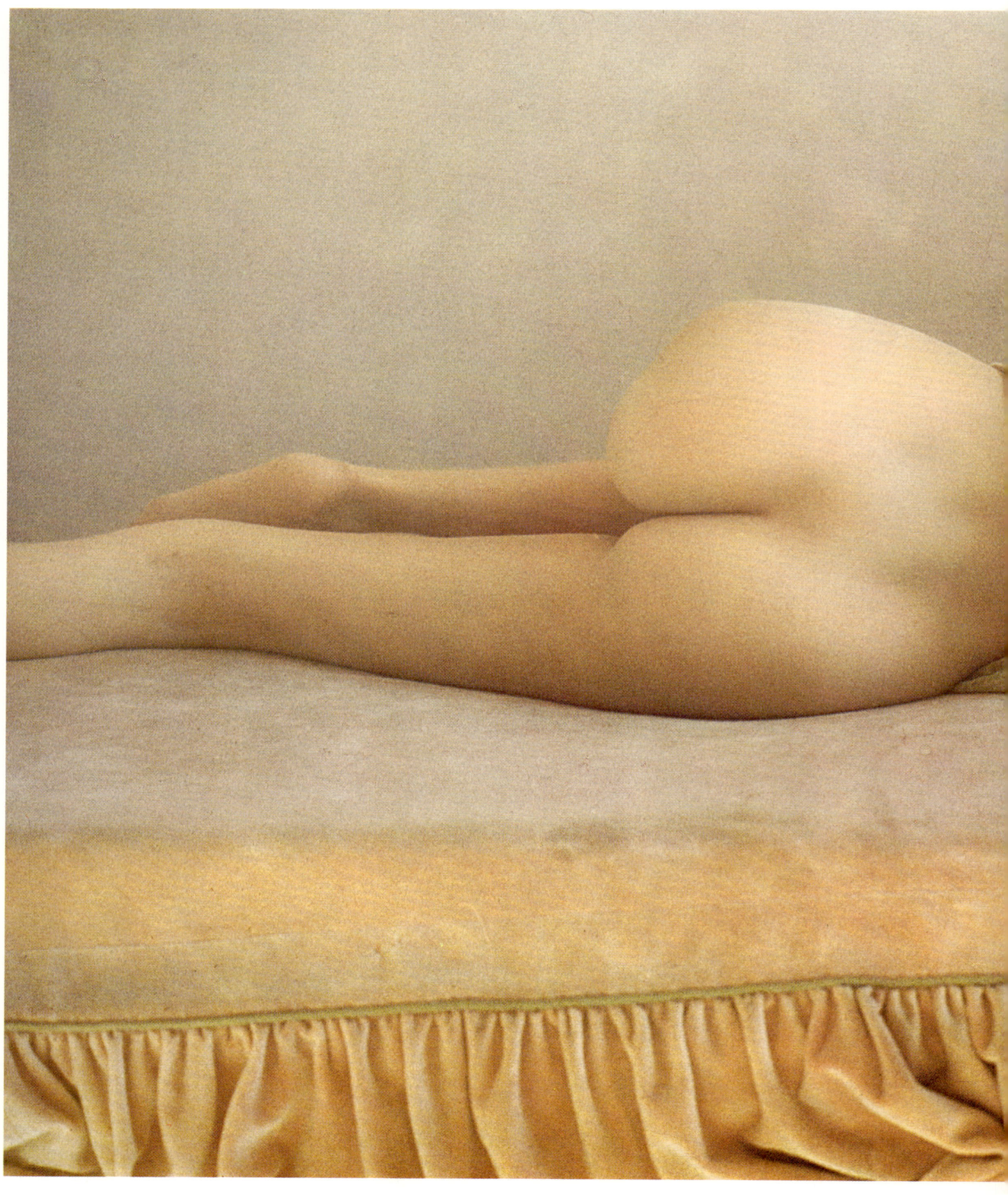

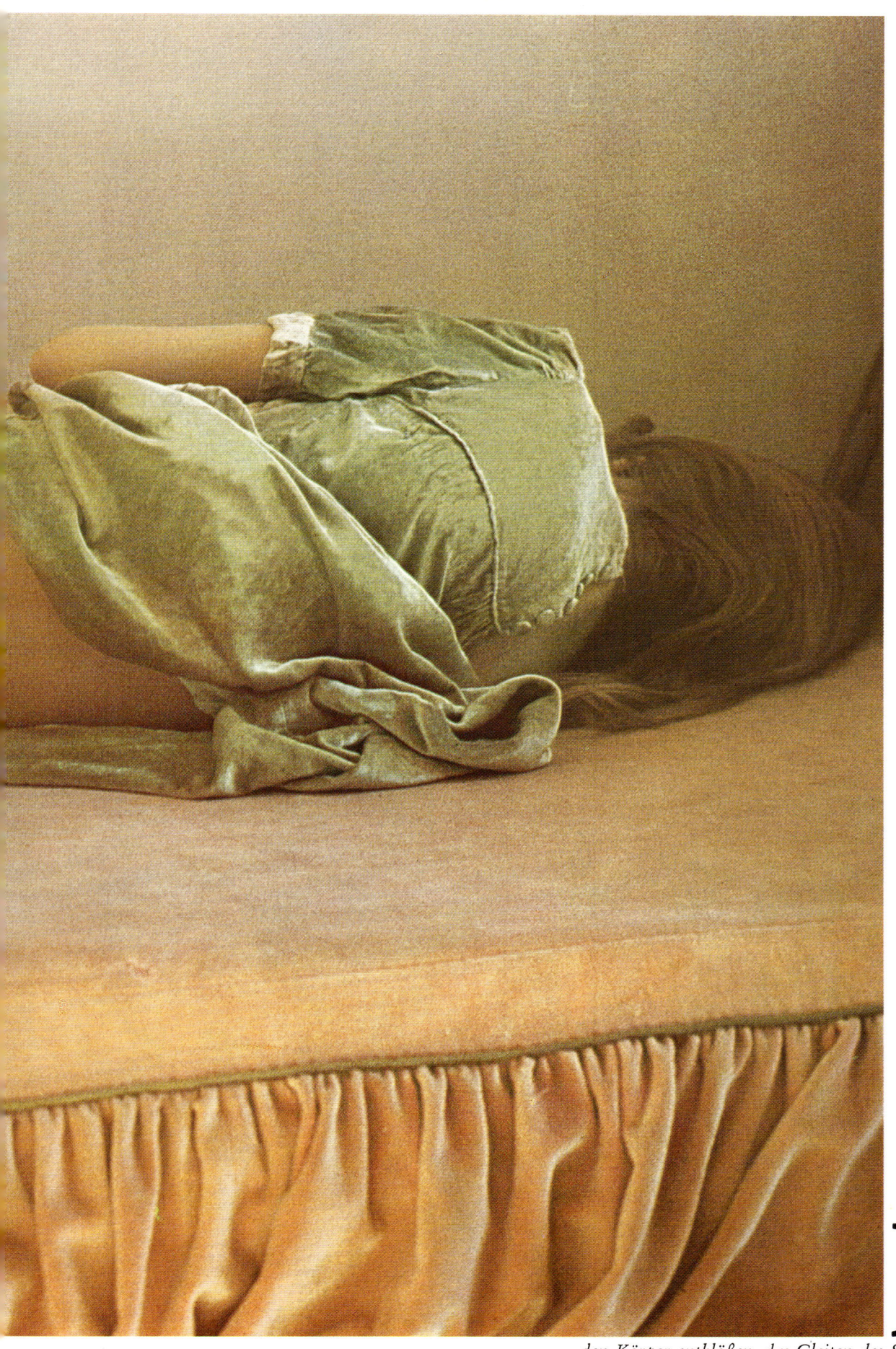

Mit Bedacht den Körper entblößen, das Gleiten des Samtes auf ihrer samtweichen Haut zu spüren und auszukosten, bevor ein kurzer Schlummer sie überwältigt.

Im Spiegel deiner Augen, Bambina, liegt das Geheimnis von Alice's Wunderland und von allen kleinen Mädchen... Lewis Carroll hat sie schon fotografiert in ihren langen Nachtgewändern. Mehr Glück ist David Hamilton beschieden: er fotografiert sie entblößt und entdeckt auf wunderbare Weise die gleiche frivole Unschuld.

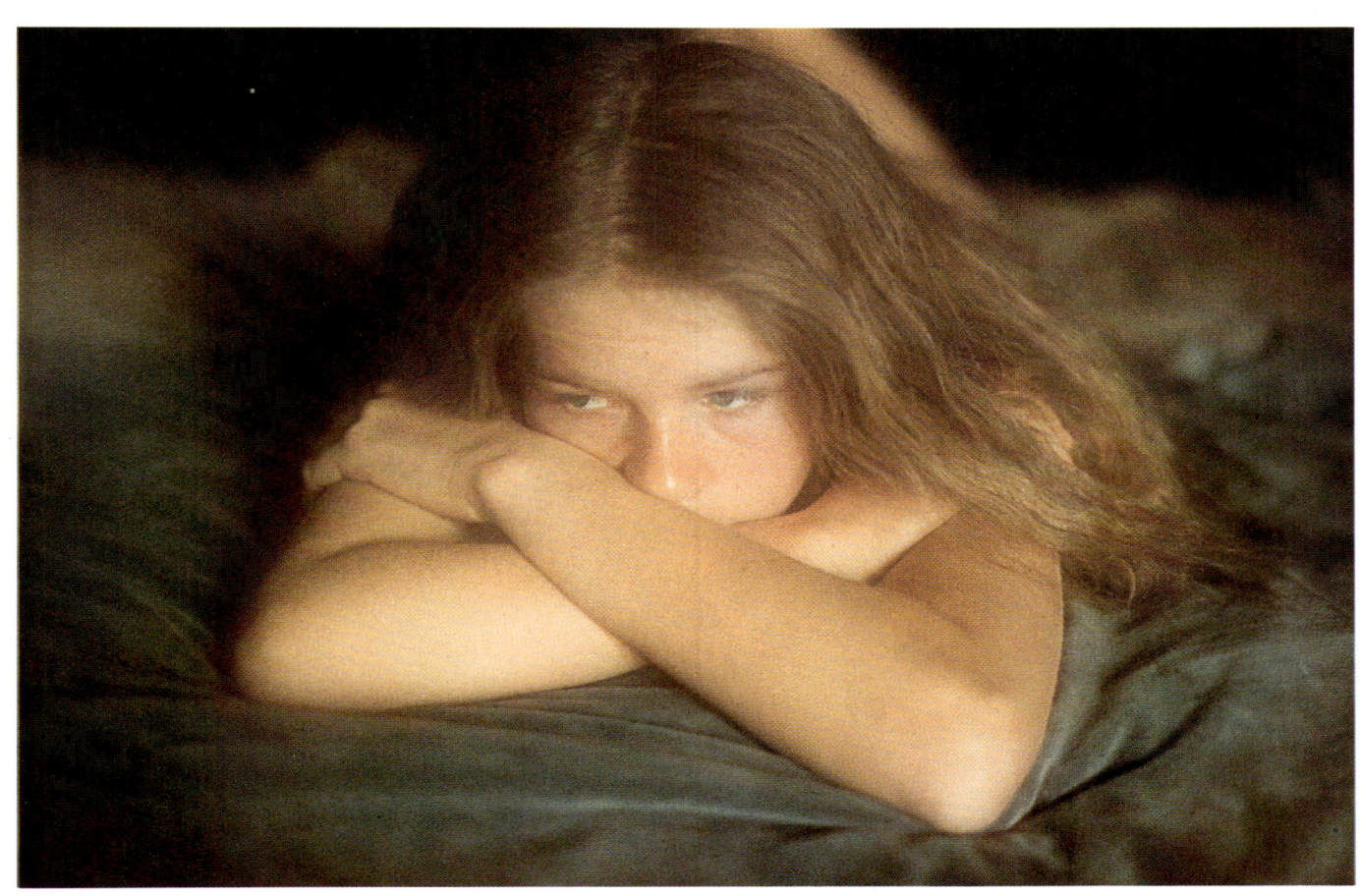

Bambina mag nicht lächeln. Sie ist verärgert, oder schmollt sie? Oder denkt sie einfach an jenen Ragazzo, der ihr heute im morgendlichen Park der Villa Borghese nachstellte?

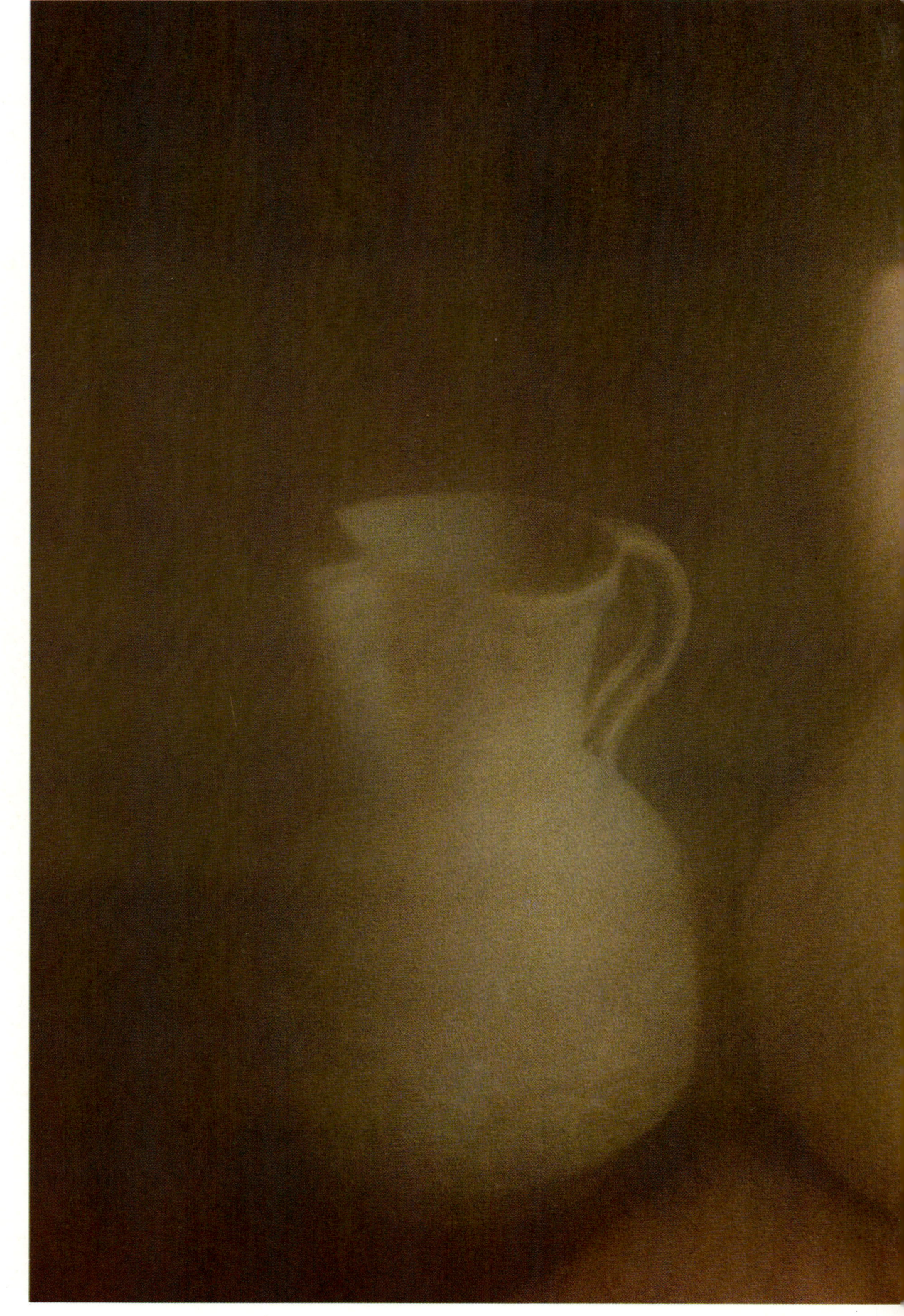

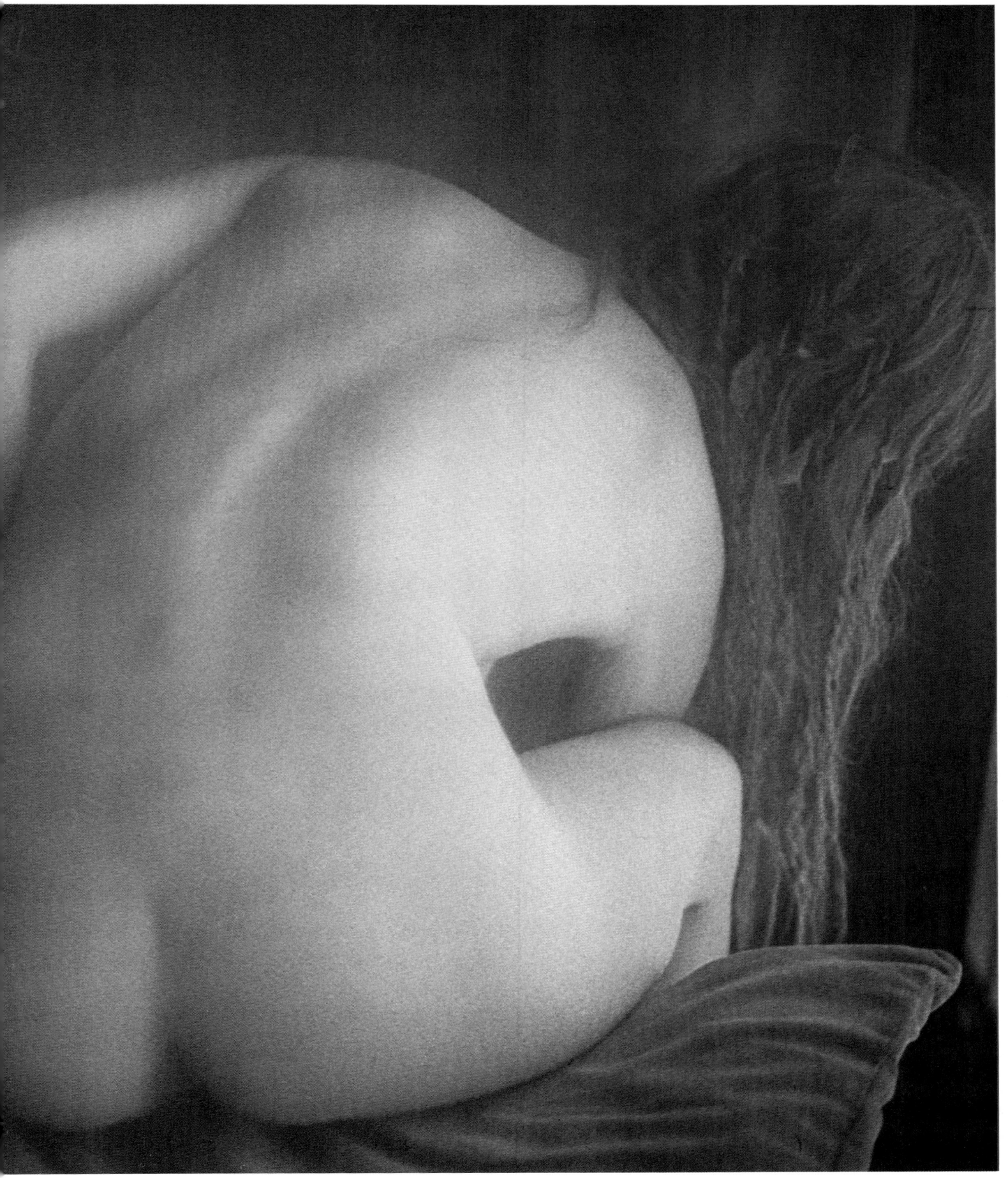

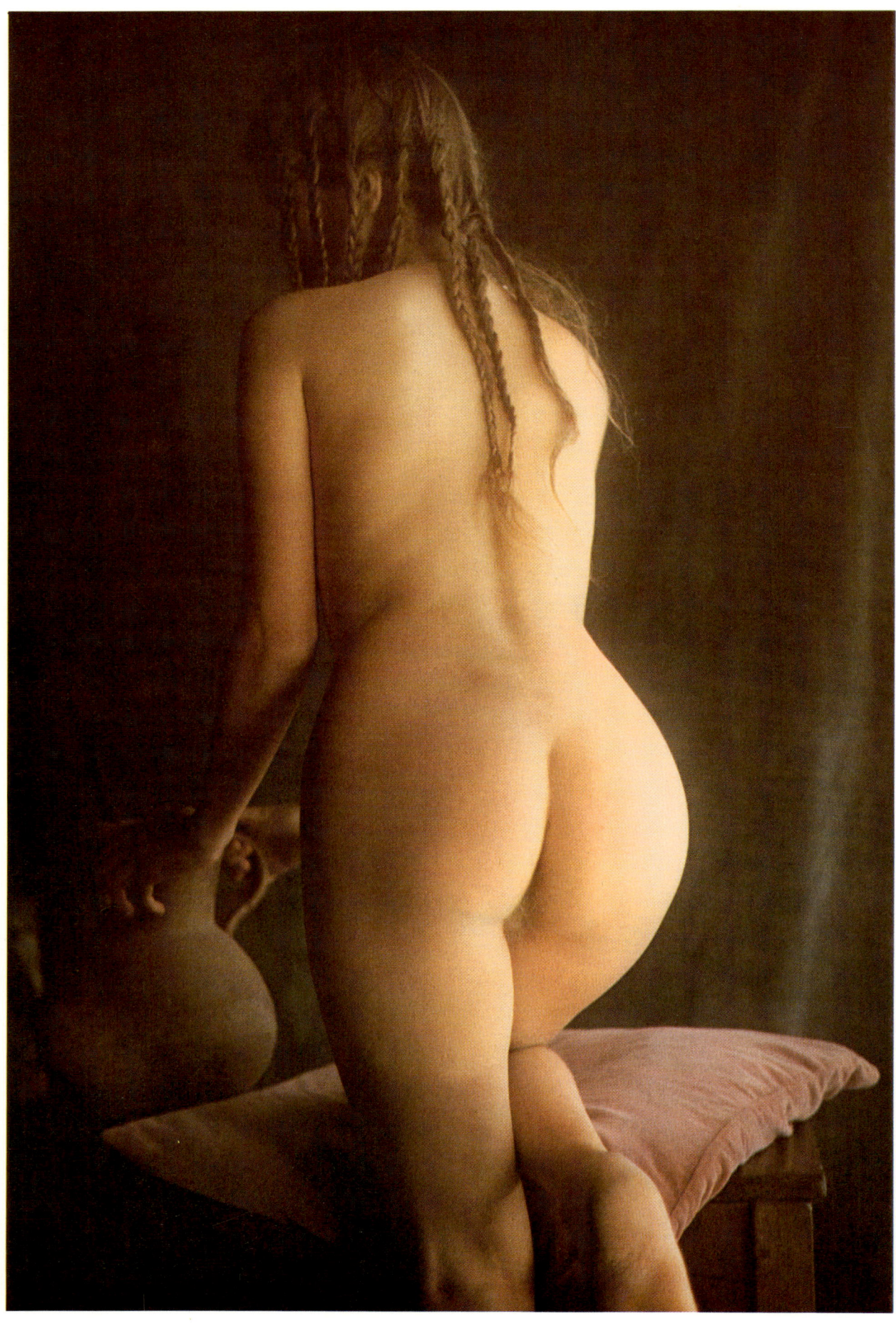

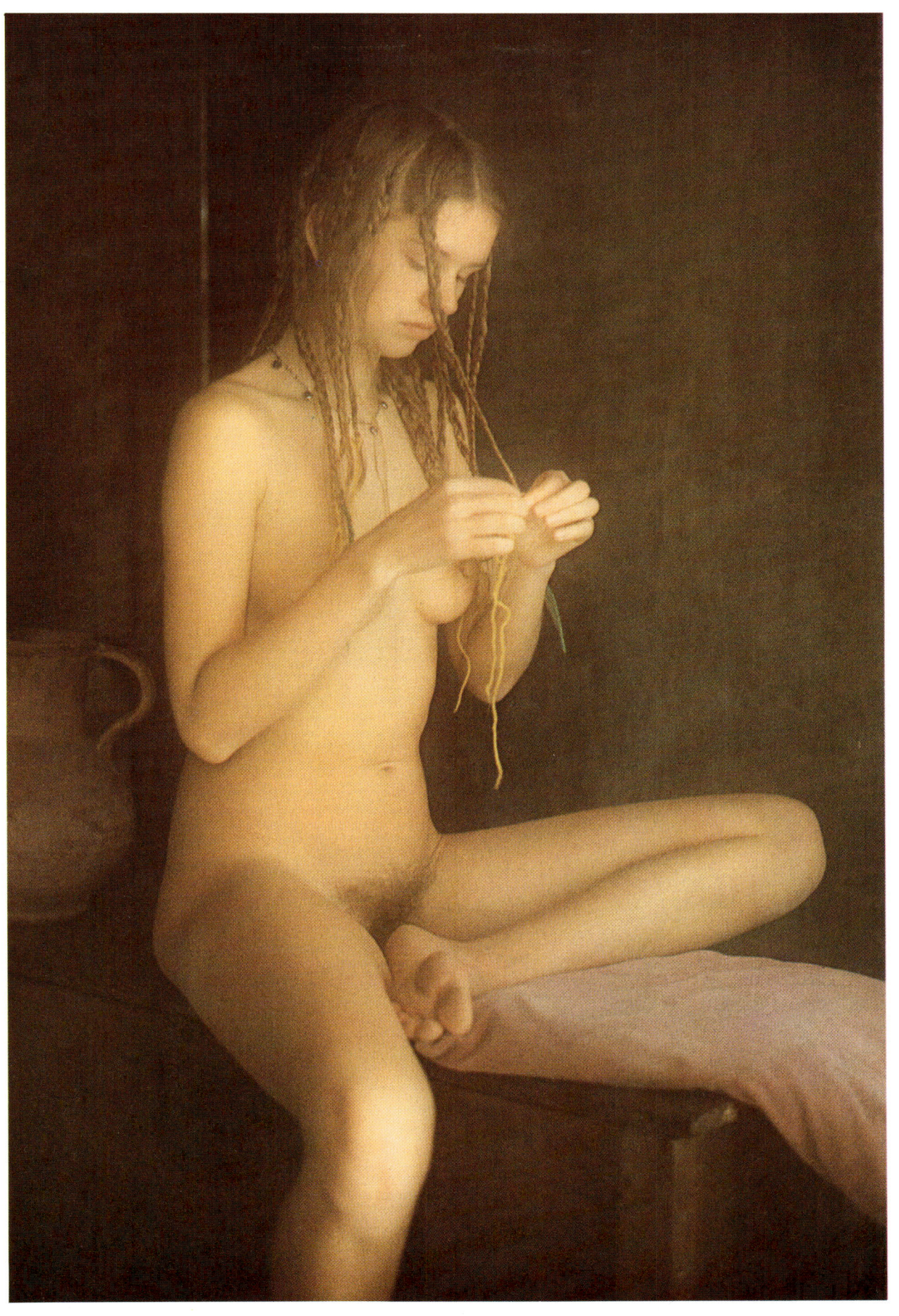

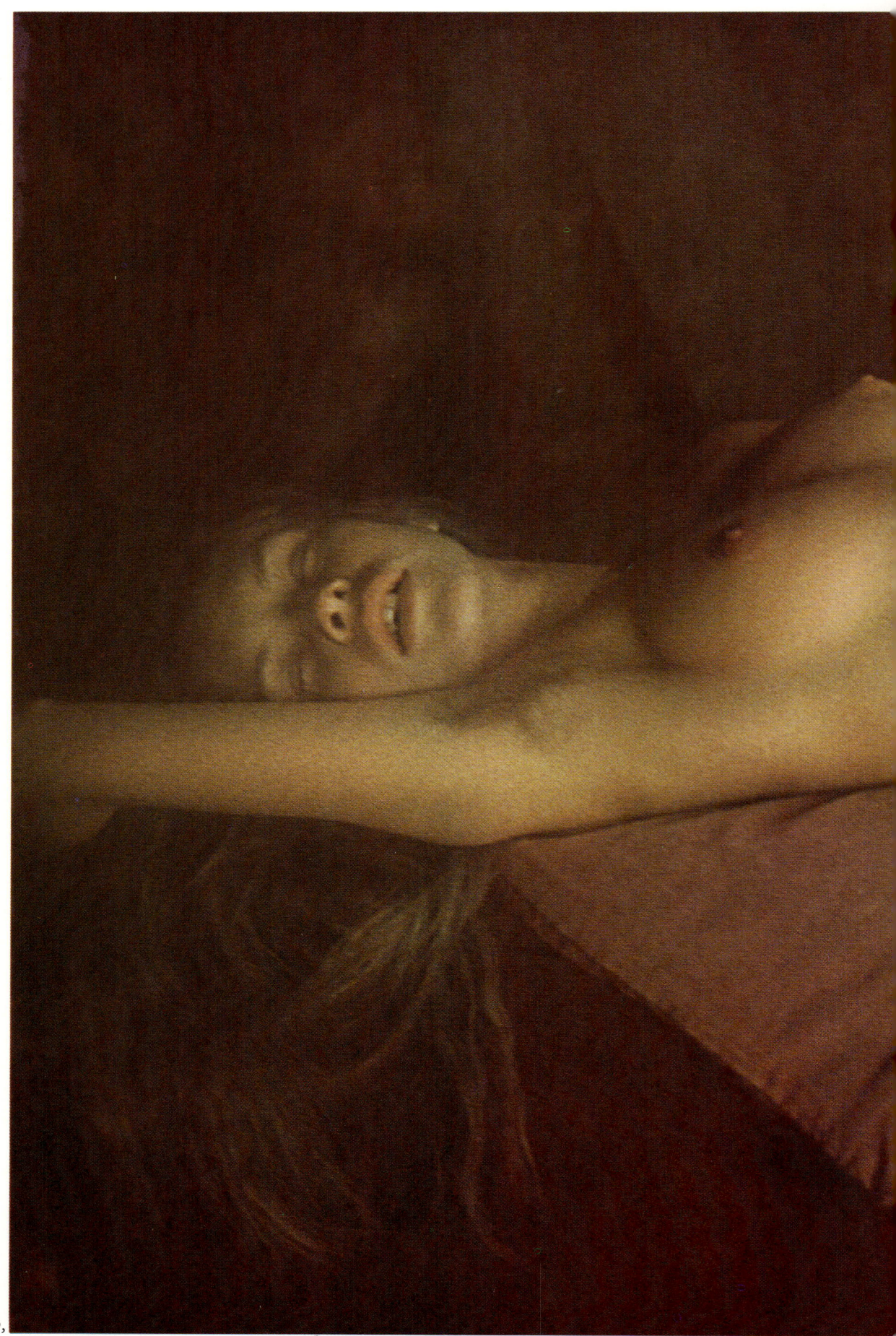

U nmöglich,
Bambina, das Geheimnis deines Erblühens
ohne Regungen zu betrachten, da dies dich selbst so verwirrt.

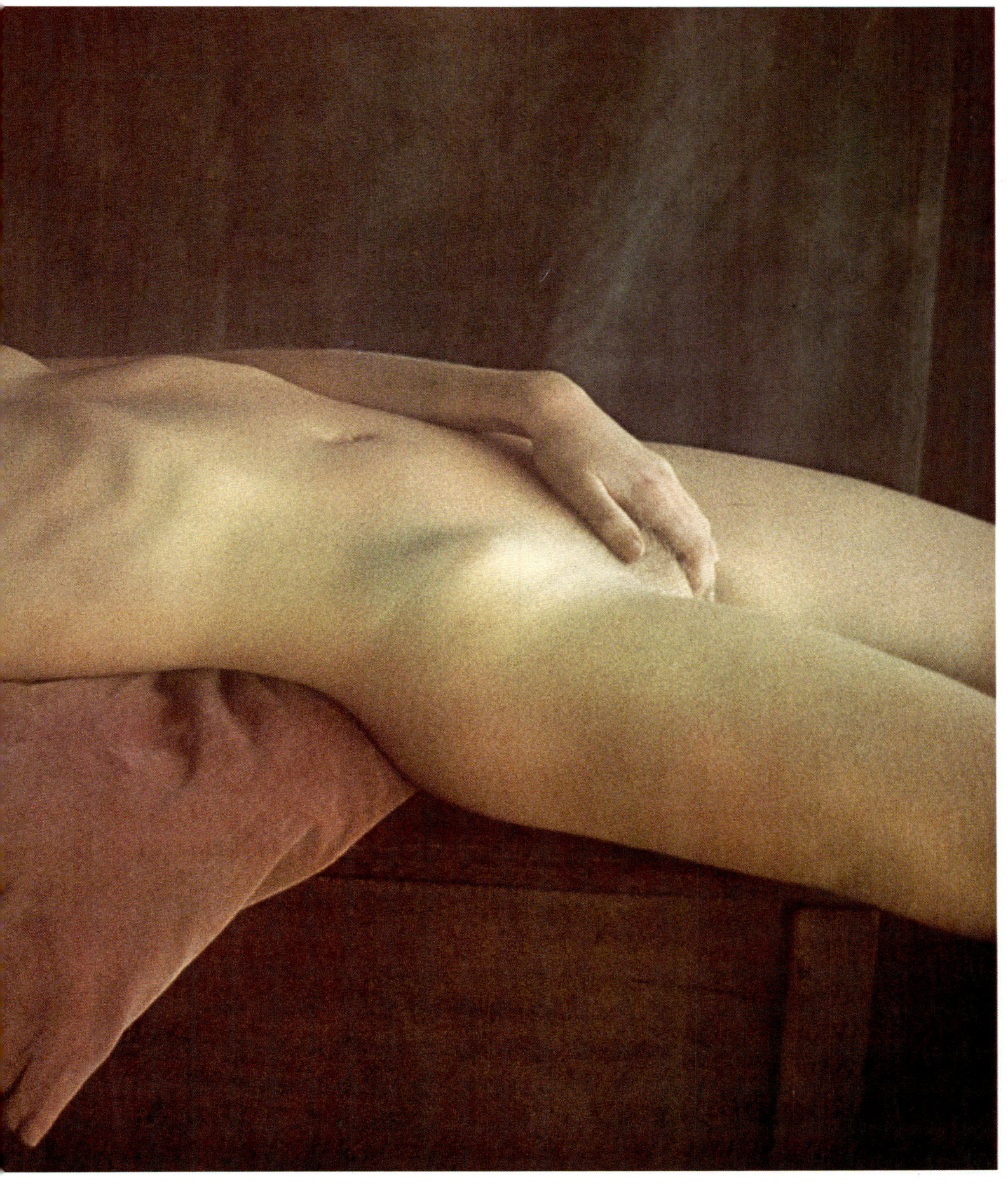

Kleine Mädchen verkleiden sich gerne, und David Hamilton liebt es, ihnen dabei zuzuschauen. Er reicht ihnen durchsichtige Gewänder, Spitzen oder weiße Seidenstrümpfe und betrachtet sie, wie sie die große Dame spielen. Für die jungen Modelle ist es wie ein Fest: sie vergessen ganz das dunkle Auge des Objektivs, das alles festhält.

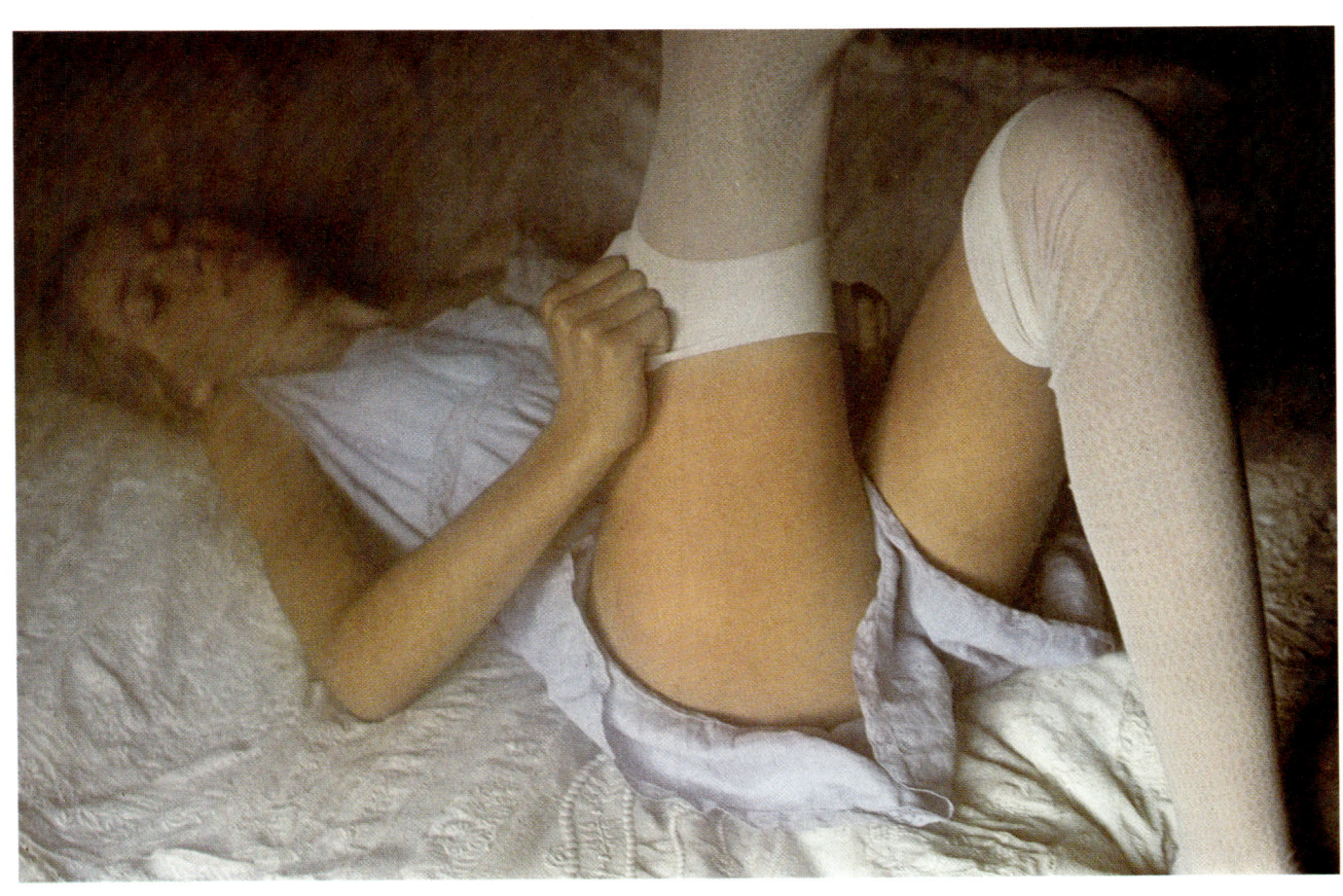

S arah hat die langen weißen Strümpfe gewählt und möchte sie anbehalten; die Seide liebkost ihren Körper.

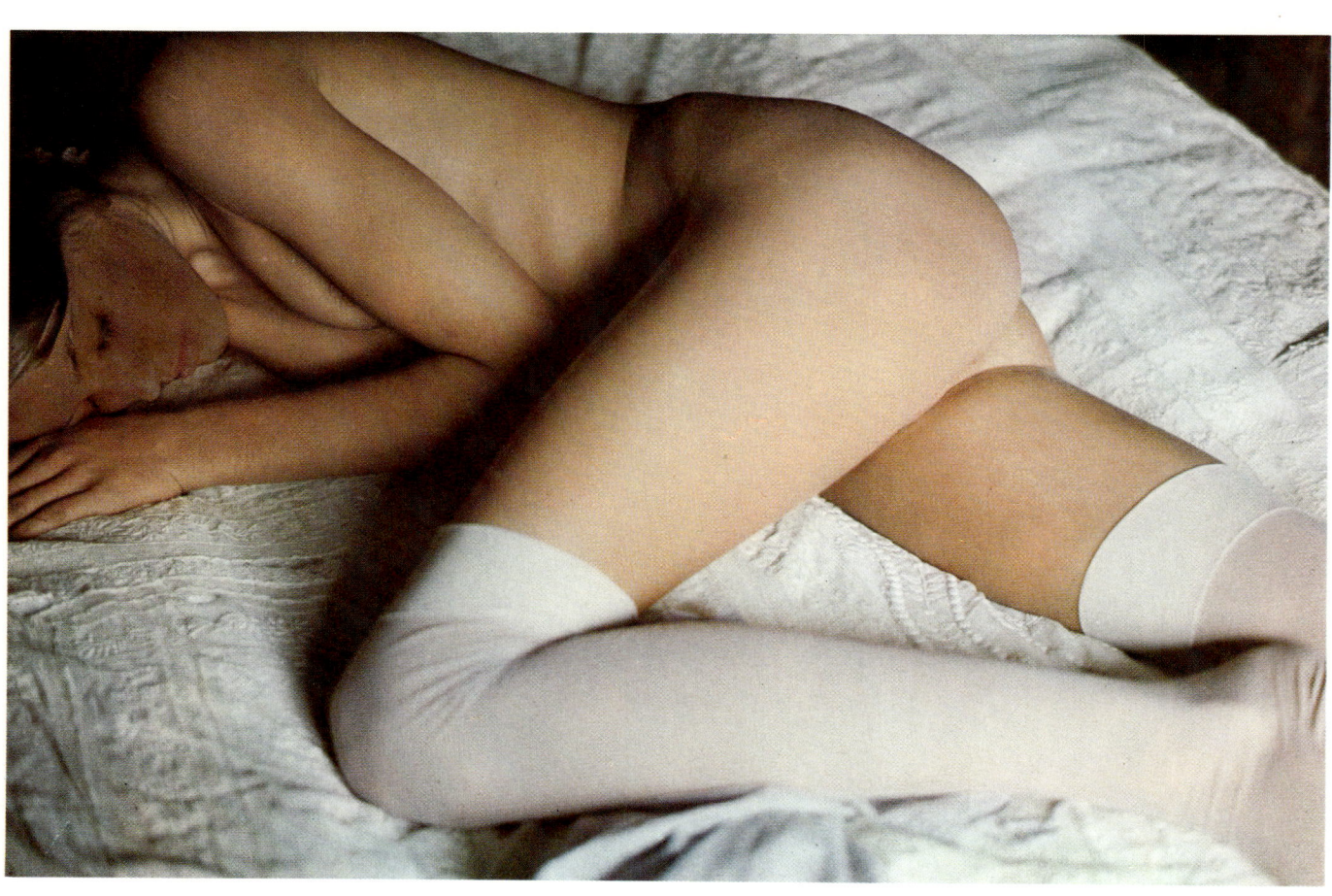

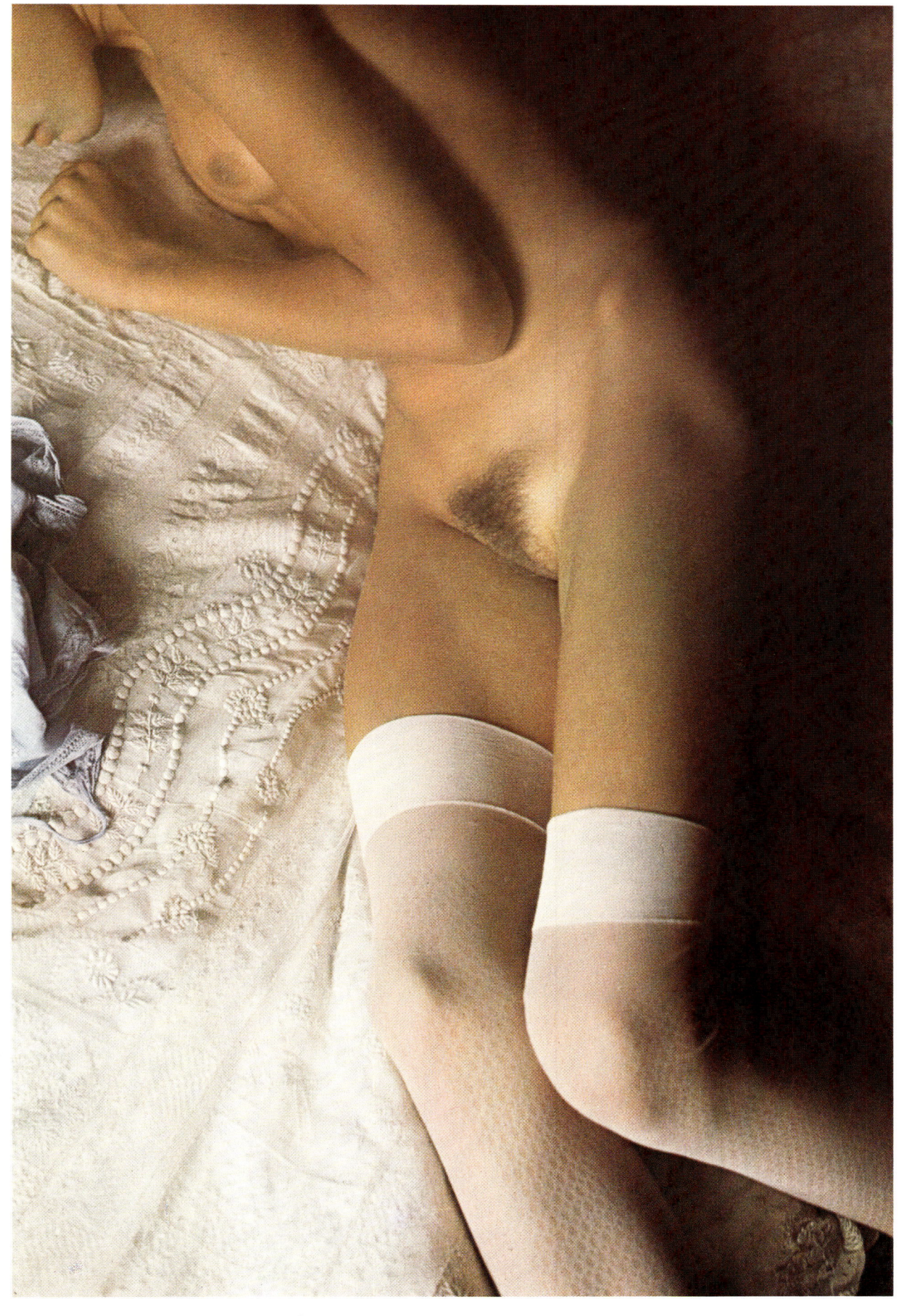

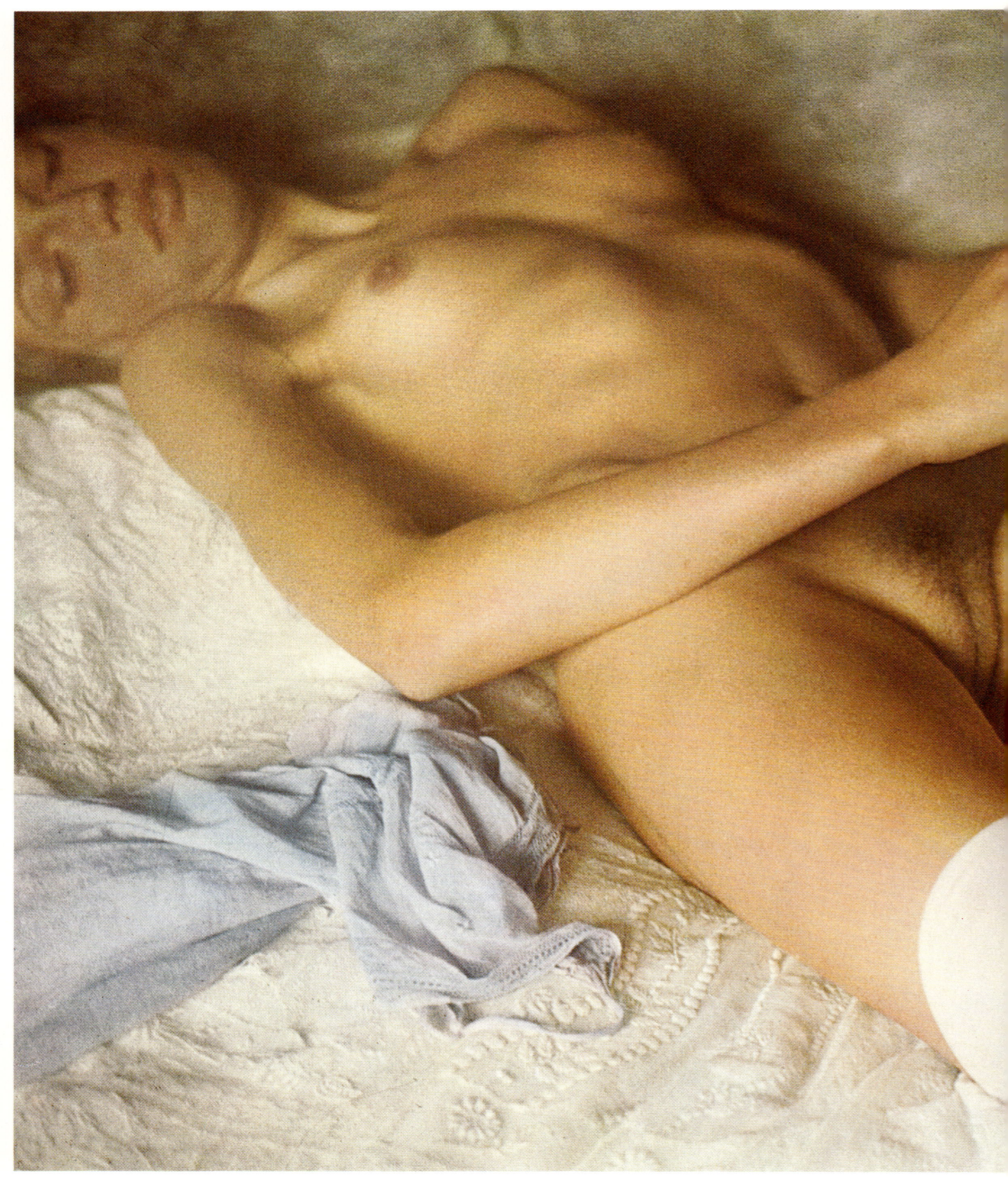

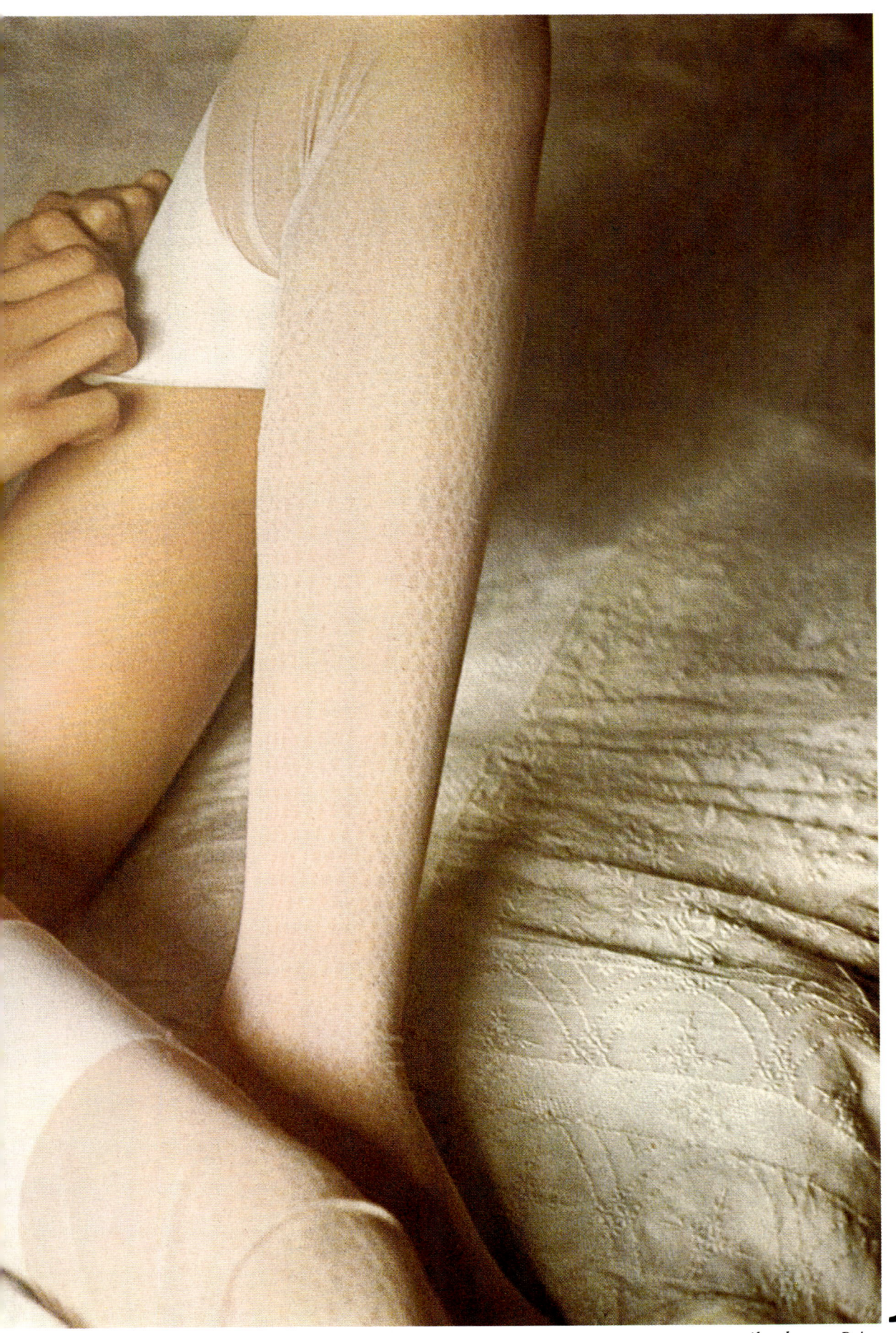

Auch, weil
ihre langen Beine so noch länger erscheinen.

Das Thema der folgenden Serie ist sozusagen die Nacht, die der Liebe wohlgesonnen. Die Stätte des Schlummers und der Liebe, der Träume und der Liebkosungen; der Schatten und der weiche Schimmer der Lampe. David Hamilton findet hier das schöne Helldunkel und die rührende Pose der großen Maler: die Fülle eines Courbet und die Zerbrechlichkeit eines Pascin.

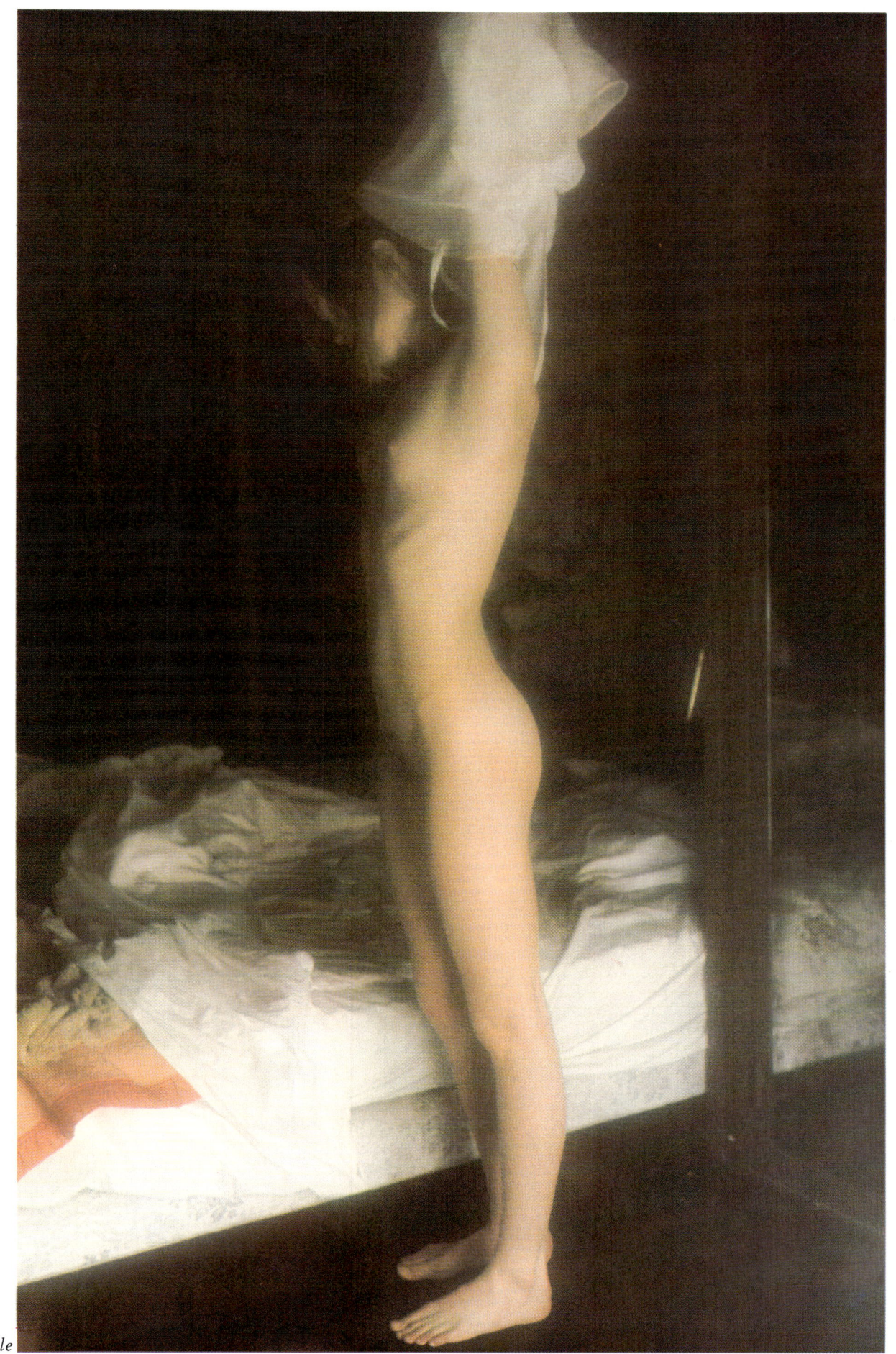

Die Hülle
wie ein Fanal über den pfeilgeraden Körper gehoben.

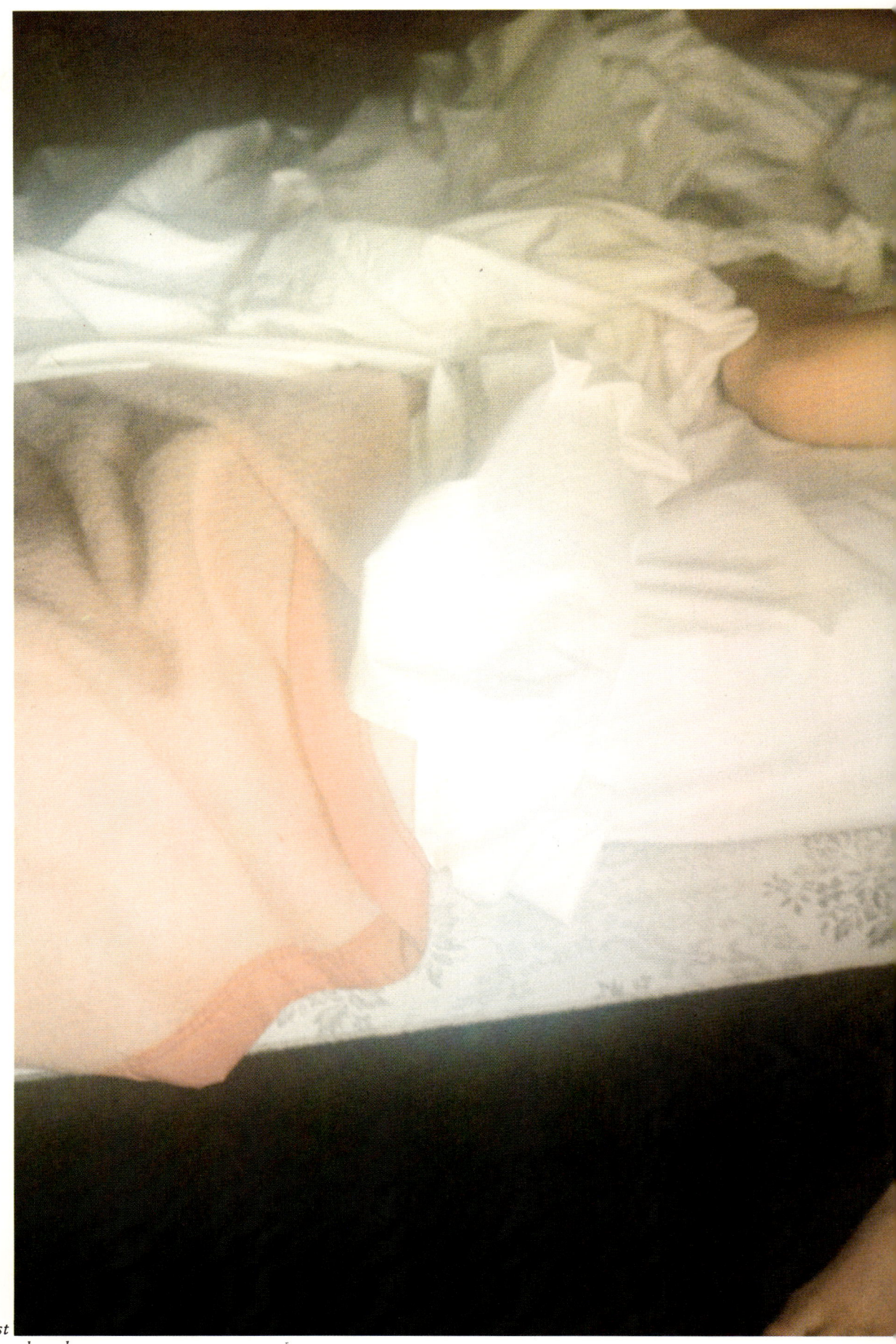

Du bist
die Schönheit selbst, dargeboten,
gehorchend, sich hingebend und zugleich abweisend, im Halbschlaf
verstrickt in das Linnen.

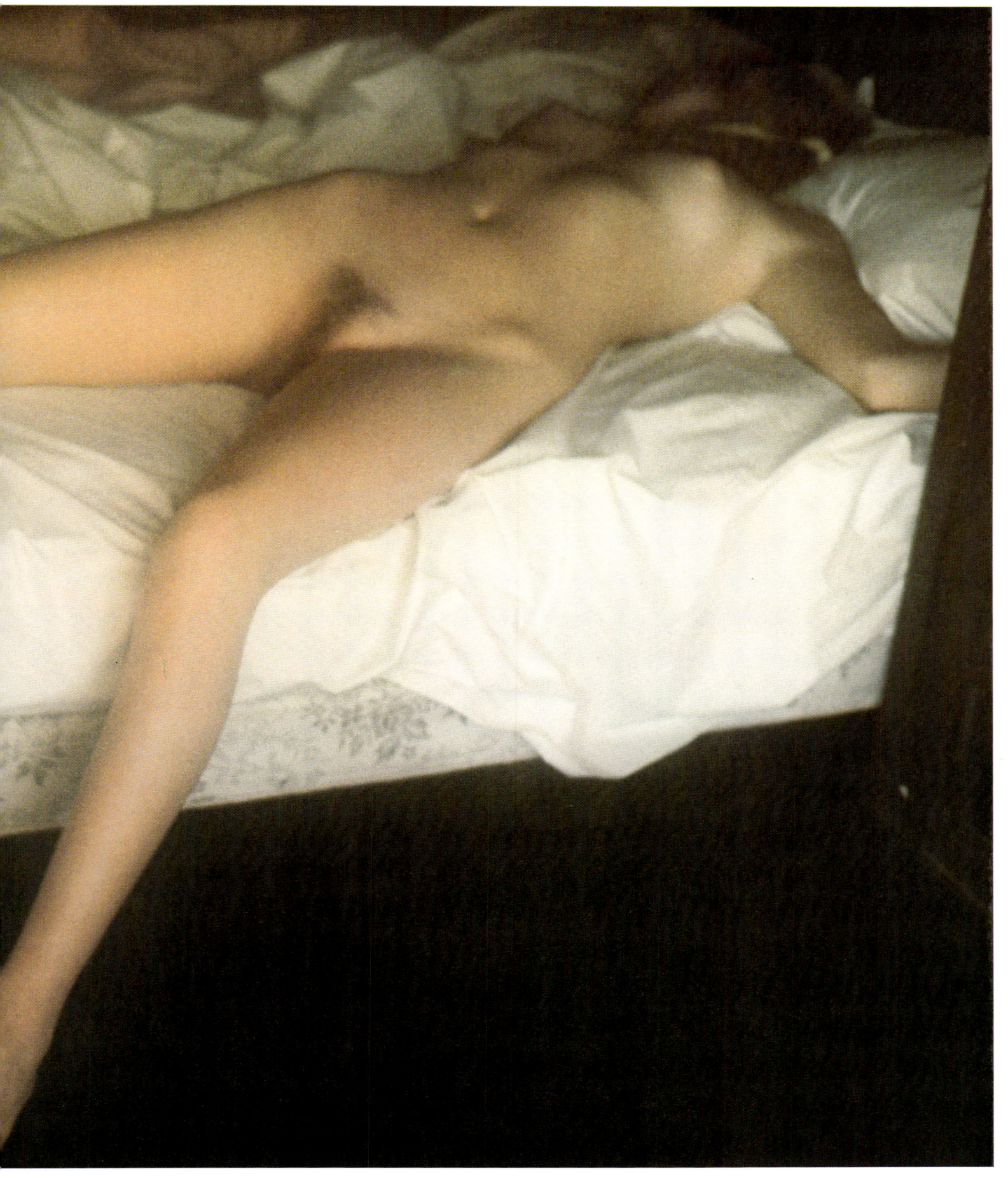

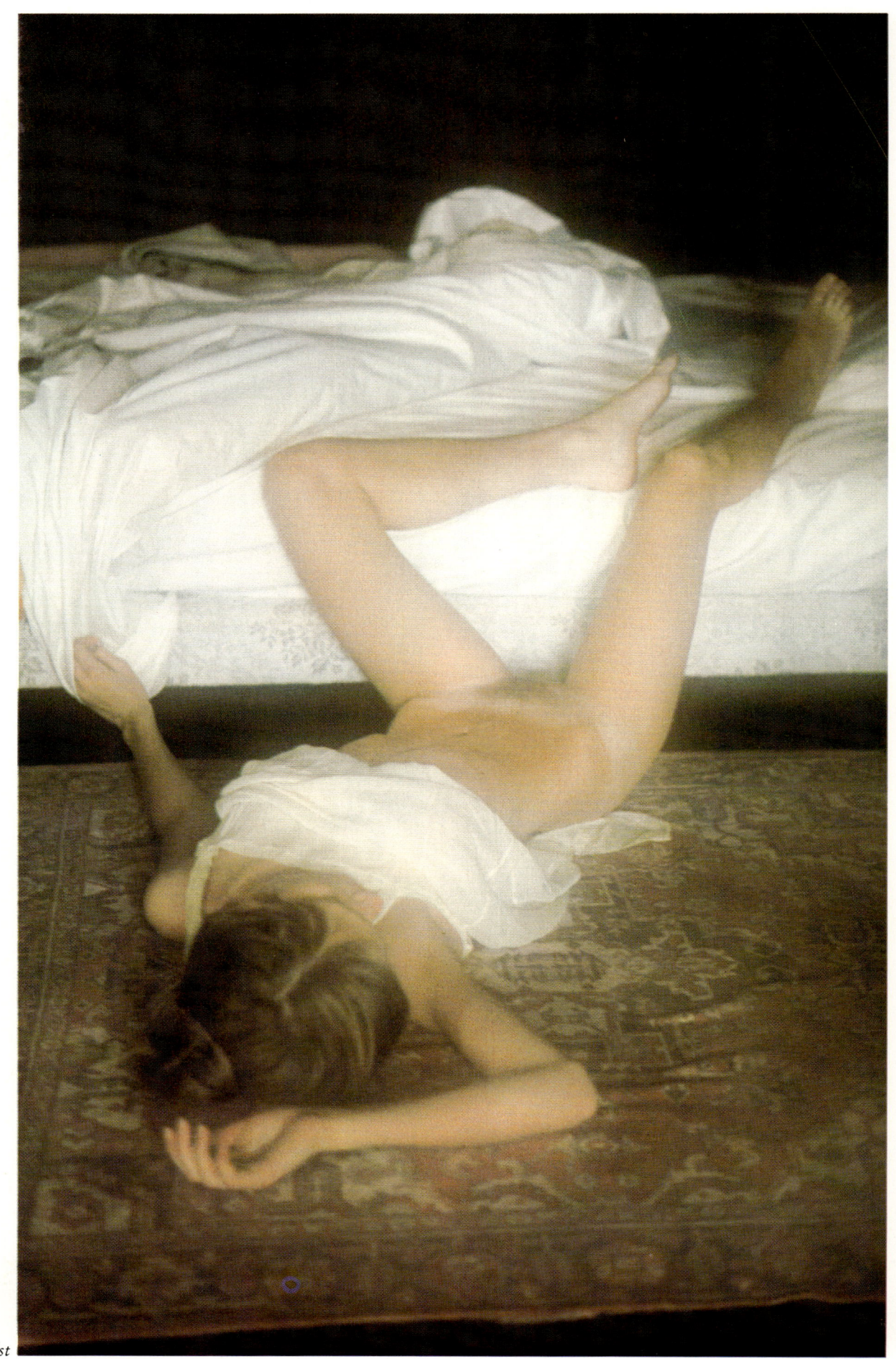

Du fielst vom Bett. Hat Wollust dies bewirkt?

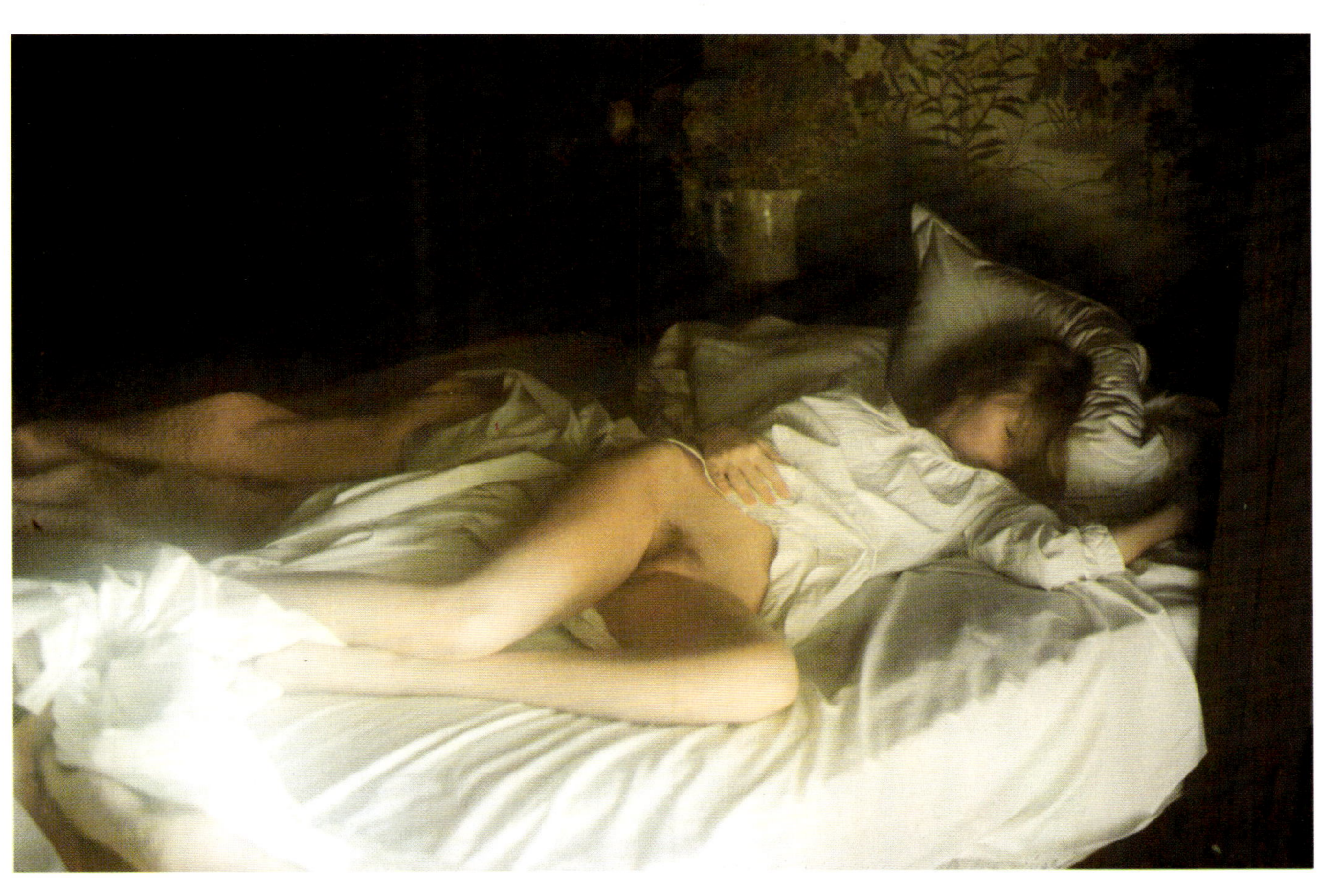

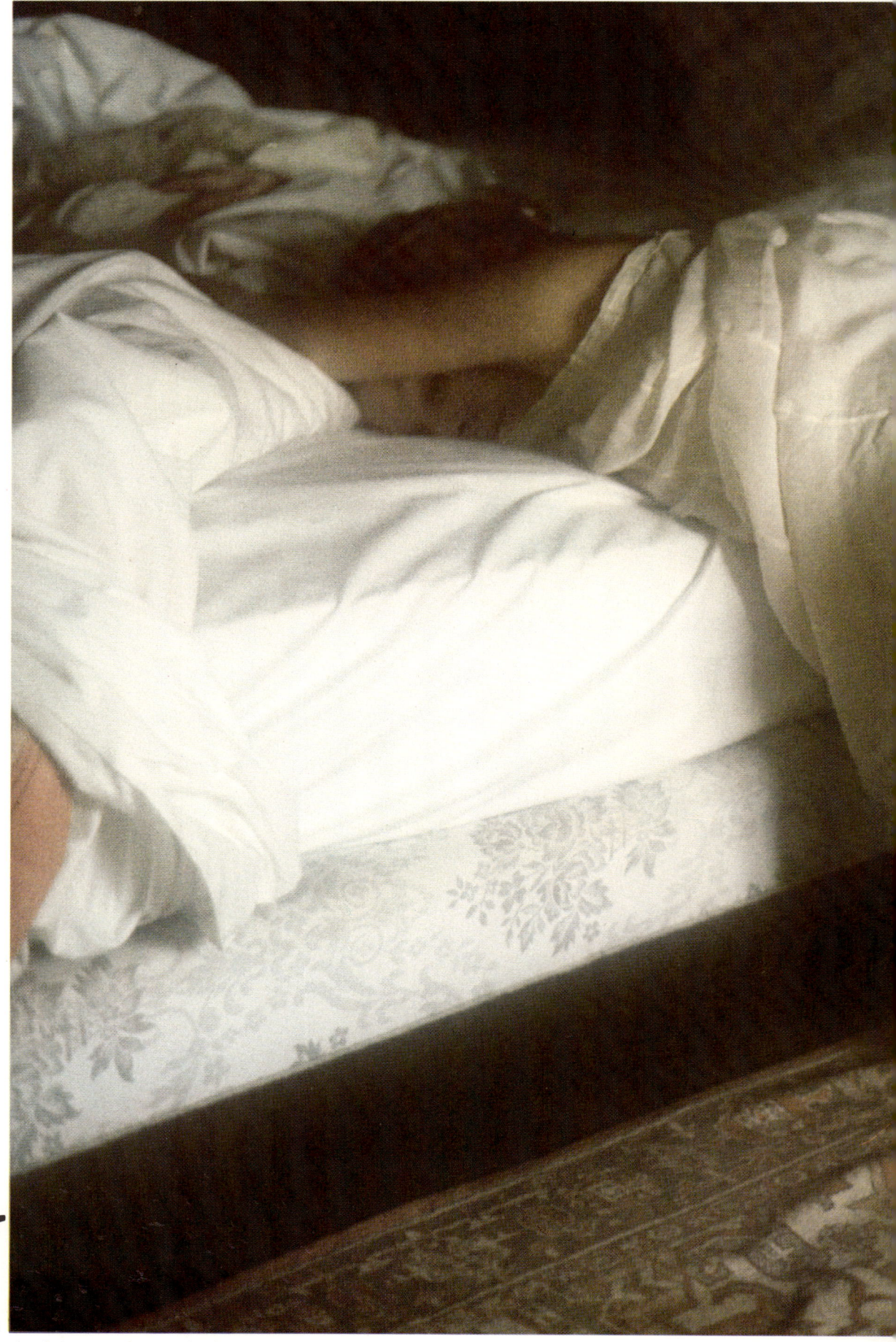

Welchen
Liebkosungen, welchen Züchtigungen bietest du deinen schönen Körper?

Diese eindrucksvolle Serie zeigt Einklang zwischen
Hülle und Haut. Kleine Wolken aus Tüll oder Spitze vermischen sich
mit zart gerundeten Formen zu einer verträumt-poetischen Vision
von Erotik, fein gepaart mit Unschuld.

Welch stürmischer Traum
bewegt deinen jungen Körper unter zarten Hüllen?

*Sinneslust,
erst jüngst erlernt.*

Gleich einem
Nachtfalter entschwebst du in die undeutlichen Gefilde
verliebter Träume.

Sommerferien. Sie finden sich und treiben Spiele,
die nicht mehr kindlich sind. Herbst und Winter haben ihren Körper
verwandelt; sie wundern sich und lachen, weil sie sich kaum noch
erkennen. Am Strand hat David Hamilton sie bemerkt und
für die Kamera gezähmt.

Gudrun und
Helga stürmen ihrem neuen Freund entgegen, und er folgt ihnen gerne.

In ihrem
*Zimmer hüllen sie sich verspielt in lange durchsichtige
Kleider und legen sie wieder ab. Die Blonde und die Dunkle
erkennen belustigt, wie unterschiedlich sie doch sind.*

51

Am *Abend, nach dem Bade, flechten sie voll spielerischer Unschuld Gräser.*

Die bildhafteste Serie der „Private Collection": Hell und Dunkel, sattes Blau des Behangs, blendende Blässe des Körpers. David Hamilton gibt sich als Maler, um der dunklen Schönheit Myrrhas willen. Vor soviel Vollkommenheit wird Erotik zum reinsten der Gefühle.

Die Nacktheit von Courbet, vor dem Blau von Gustave Moreau.

Das Halbdunkel erweckt immer wieder heftiges Verlangen,
das kindliche Gesicht zu sehen, und immer wieder verbirgt es sich.
Das Auge des Objektivs weidet sich an Cindys Scham.

57

Jeder weiß, daß David Hamilton blonde Schönheit liebt, und die hübschen Däninnen wissen es am besten. Angekommen in Dänemark, braucht er nur die schönste zu wählen unter diesen strahlenden Blondinen, Schwestern seiner Frau Mona.

Diesmal
hat Margriet mit ihrem zarten Gesicht und ihrem
vollkommenen Körper seine Aufmerksamkeit geweckt. Ihr bleiches
Haar wird er zu Wolken und Schleiern formen.

63

65

Margriet, mal Marmor, mal Feuer.

Diese Pose der Verrenkung paßt gut zu Jennys
schmächtigem, geschmeidigem Körper. Das Fähnchen verhüllt ihn kaum,
den kindlich-flaumigen Leib.

Mit Jenny, der kleinen Engländerin, spielt er wie mit
einem Püppchen. Humor vom Kopf bis zur Zehe. Dieses runde,
kindliche Köpfchen, das man nur abgewandt erblickt,
wie in Betrachtung ihrer selbst versunken.

W ährend
*die kleinen Brüste erblühen, wölbt sich der noch kantige und doch
schon anziehende Körper des kleinen Püppchens, das nun entblößt.*

Kesse Unschuld Birgit.
Sie faltet und entfaltet ihren halbnackten Körper, ganz nach Wunsch des Fotografen. Ein Stuhl aus spanischem Rohr, ein Bademantel, eine Kappe, südlich-sommerliche Attribute einer Schönen aus dem Norden. Bevor sie sich an den heißen Strand legt, gewährt sie David Hamilton noch einige Posen. Entdeckt sie erst jetzt ihr langes blondes Haar, den Reiz, in einen sonnenfarbenen Bademantel zu schlüpfen, die Anmut ihrer Bewegungen?

81

83

84

Die kleinen Schönen aus der „Private Collection"
scheinen immerfort zu tanzen: während sie laufen, sich entkleiden,
oder für einen Augenblick stillhalten. Wohl, weil Tanz die Jugend
selbst verkörpert, die feinste Ausdrucksform der Lebensfreude.
Tilly ist eine echte Tänzerin. Sie verbringt oft Stunden an der Stange.
Ihr Körper biegt sich, um jene wunderbare Kraft und Anmut zu
erlangen. Weil diese Aufnahmen für die „Private Collection"
bestimmt sind, entsagt Tilly aller Hüllen und Höschen.

Voll Bewunderung
vor dem vollendeten Ausdruck, in dem die Tanzkunst gipfelt.

91

Im Schlummer
entrückt.

Im sommerlichen Skandinavien findet David Hamilton seine
Lieblingsmodelle: die hellhäutigen Mädchen mit dem flachsfarbenen
Haar, die ganz jener Landschaft gleichen: wohlig verborgen. Hinter
jenen hohen Gräsern der Dünen kleiden und entkleiden sich
unbefangene Schulmädchen, vor und nach dem Bade
im silbriggrauen Meer.

N och bläst
der Wind kühl über den Sand, doch wenn man sich versteckt, streicht
er mild über den Körper, und voll Unschuld wird der Bikini abgestreift.

U nter dem halboffenen, durchsichtigen Kleid
schimmert amüsiert das Zeichen der Sonne.

V*or dunklem*
Grün scheint wie eine fahle nordische Sonne,
die blonde Blöße einer schreckhaften Nymphe.

In der Dämmerung:
eine beschwingte, vielleicht nur geträumte Gestalt.

Dies sind vielleicht die erotischsten Aufnahmen aus der
„Privatsammlung": kühne Transparenz erregt mehr als reine Nacktheit.
Der Blick verweilt, die junge Schönheit beschwörend, sich noch nicht
zu entkleiden; die Stille der Betrachtung wird bedrückend.

103

105

109

Reizende Candice... Schulmädchen, naives: alle Namen
passen zu dir, die man der Jugend gibt, auch Schmollmund,
Träumerin, Unschuld, Lasterhafte... Einklänge und Kontraste
passen zu dieser jungen Engländerin, Liebling des Augenblickes.

Willst du
Buße tun, Candice, oder spielst du nur, um unsere Lust,
dich ganz zu sehen, zu steigern?

Deine
*wundervollen Hände verbergen die zarten Brüste,
doch deine schmollenden Umrisse, dein schmächtig flacher Leib
entgeht der Bewunderung nicht.*

113

W*arum*
diese kleinen Röschen, Candice?
Weil du selbst an jene frühreifen Rosen erinnerst, deren Knospen
noch fest geschlossen und deren Duft scharf und süßlich zugleich?

Das Licht,
jenes wundervolle hamiltonische Licht kleidet Candice
und verklärt ihre Jugend.

Bei der letzten Fotoserie scheint es, als sei Hamilton mehr vom Zauber des Lichts am frühlingshaften Meer betört, als von der feenhaften Blondheit Cynthias. Der leichte, durchsichtige Wind, das stille Meer in der Morgendämmerung, der kahle, weiße Strand, sie alle scheinen Cynthia zu erwecken, und wie von selbst findet David Hamilton für diese Erscheinung die weichen, unendlich subtilen Töne Botticellis.

A*phrodite
in ihrer erwachenden Schönheit.*

Meer
und Mädchen: zwei Linien, die sich kreuzen.

123

Ende
eines langen Juniabends. Ende auch der „Private Collection".
Andere junge Mädchen nehmen Abschied von der Kindheit und
bereiten sich vor, Modell zu sein für das unersättliche Objektiv
David Hamiltons, ihres stetigen Bewunderers.

„DAVID HAMILTON'S
PRIVATE COLLECTION"
© 1976 SWAN PRODUCTIONS AG,
ZUG/SCHWEIZ

DEUTSCHE AUSGABE 1977
SWAN VERLAG GMBH, KEHL/RHEIN
ISBN 3-88230-013-2

ALLE RECHTE DER ÜBERSETZUNG,
BEARBEITUNG UND WIEDERGABE
IN IRGENDEINER FORM IM IN- UND
AUSLAND VORBEHALTEN

AUSFÜHRUNG:
ATELIER DAVID HAMILTON
DESIGN: MICHEL PAQUET
TEXT: DENISE COUTTES
ÜBERSETZUNG: DR. WOLFGANG RÖSSLE
HERSTELLUNG: CAJO LIESENBERG

MIT FREUNDLICHER GENEHMIGUNG
VON MINOLTA CAMERA GMBH,
HAMBURG
EKTACHROME: PICTORIAL SERVICE,
PARIS

GEDRUCKT IM HAUSE GRAFIS,
FRANKFURT
AUFGEBUNDEN BEI
M. BUSENHART, LAUSANNE
AUGUST MCMLXXXI